BEI GRIN MACHT SICH IHR WISSEN BEZAHLT

- Wir veröffentlichen Ihre Hausarbeit,
  Bachelor- und Masterarbeit

- Ihr eigenes eBook und Buch -
  weltweit in allen wichtigen Shops

- Verdienen Sie an jedem Verkauf

Jetzt bei www.GRIN.com hochladen und kostenlos publizieren

Assessment Center-Verfahren, respektive Attributionsverzerrungen und das Sensation-Seeking-Konzept von Zuckerman

Philipp Walter

Bibliografische Information der Deutschen Nationalbibliothek:

Die Deutsche Nationalbibliothek verzeichnet diese Publikation in der Deutschen Nationalbibliografie; detaillierte bibliografische Daten sind im Internet über http://dnb.d-nb.de abrufbar.

ISBN: 9783346718457
Dieses Buch ist auch als E-Book erhältlich.

© GRIN Publishing GmbH
Nymphenburger Straße 86
80636 München

Druck und Bindung: Books on Demand GmbH, Norderstedt Germany
Gedruckt auf säurefreiem Papier aus verantwortungsvollen Quellen

Das vorliegende Werk wurde sorgfältig erarbeitet. Dennoch übernehmen Autoren und Verlag für die Richtigkeit von Angaben, Hinweisen, Links und Ratschlägen sowie eventuelle Druckfehler keine Haftung.

Das Buch bei GRIN: https://www.grin.com/document/1271914

Einsendeaufgabe

Alternative A

abgegeben am 7. April 2021, Online

SRH Fernhochschule

Modul: Persönlichkeits- und

Sozialpsychologie Studiengang: Management

(M. Sc.)

von

Philipp Walter

Studiengang: Management (M. Sc.)

Inhaltsverzeichnis

Tabellenverzeichnis

Teilaufgabe 1

Die erste Teilaufgabe beschäftigt sich mit der Ursachenzuschreibung beim Verhalten von Bewerbern, welche ein Assessment Center-Verfahren durchlaufen. Hierfür wird zunächst dargestellt um was es sich bei dem Begriff Assessment Center handelt. Anschließend wird die Ursachenzuschreibung anhand des Kovariationsmodells von Kelley vor dem Hintergrund eines Assessment Center-Verfahrens erläutert. Dabei wird dieses Modell zunächst näher beschrieben, anschließend an einem Beispiel angewendet und abschließend auf die drei zum Modell gehörigen Informationsarten, welche die Beobachter nutzen um die Ursachenzuschreibung vorzunehmen, eingegangen.

Bei dem Begriff Assessment Center handelt es sich um einen amerikanischen Begriff, welcher sich aus den englischen Wörtern „to assess" und „center" zusammensetzt. Ins Deutsche übersetzt ist ein Assessment Center ein „Beurteilungszentrum" (Leciejewski & Fertsch-Röver, 2007, S. 4). Es dient vor allem der Personalauswahl und der Personalentwicklung. Obermann (2018, S. 2) definiert es als:

- „ein Verfahren zur Eignungs- oder Potenzialbeurteilung,
- in dem ein oder mehrere Bewerber oder Mitarbeiter
- von mehr als einem Beobachter
- auf der Basis eines Anforderungsprofils in unterschiedlichen Methoden bewertet werden,
- darunter
- Verhaltenssimulationen, Interviews und Testverfahren."

Im Zentrum dessen steht vor allem das sichtbare Verhalten der Bewerber. So wird in möglichst berufsnahen Aufgabenstellungen die Persönlichkeit der Kandidaten überprüft (Püttjer & Schnierda, 2008, S. 14). Genau bei dieser Überprüfung kann dann das Kovariationsmodell von Kelley herangezogen werden, da es Aussagen über Ursachenzuschreibungen vom menschlichen Handeln liefert. Um das Modell besser zu verstehen wird vorerst seine Herkunft kurz aufgegriffen. So entstammt Kelley`s Theorie aus der Attributionstheorie von Heider, welche sich mit Erklärungen für das eigene und das Verhalten anderer beschäftigt. Dabei gibt es einen Beobachter, der das Verhalten eines Handelnden gegenüber einer anderen Person oder Entität einschätzt. Der Beobachter will also nachvollziehen, wie ein Handelnder dazu kommt, so zu handeln, wie er es tut (Parkinson, 2014, S. 72). Die auf der Attributionstheorie aufbauende Kovariationstheorie nimmt nun an, dass Beobachter kausale Schlüsse über das Verhalten von Handelnden ziehen, indem sie mehrere Daten sammeln und auswerten.

Sie will erklären, wie Menschen verschiedene mögliche Ursachen einer beobachteten Handlung gegeneinander abwägen. In jedem Fall wo ein Handelnder in einer spezifischen Situation in einer bestimmten Weise auf ein Objekt reagiert, gibt die Kovariationstheorie eine Erklärung, ob das Verhalten des Handelnden durch ein Merkmal der Person, des Objektes oder der Situation verursacht wurde (Parkinson, 2014, S. 75). Werden nun Bewerber in Form eines Assessment Center-Verfahren beobachtet, lassen sich die möglichen Verhaltensursachen nach dem Kovariationsmodell bestimmen. Die Anwendung dessen soll anhand des folgenden beispielhaften Szenarios genauer erläutert werden.

Angenommen wird ein Szenario, in welchem sich 4 verschiedene Bewerber (Shin, Dy, Do und Di) auf eine Position in Unternehmen X beworben haben und nun zu einem Assessment Center-Verfahren vom Unternehmen eingeladen wurden. Dieses startet morgens um 10 Uhr und endet im Laufe des Nachmittags gegen 16 Uhr. Die folgende Tabelle zeigt die Verlaufsplanung mit den jeweiligen Tests, welche die Bewerber durchlaufen.

10:00 Uhr	Begrüßung und Erläuterung der Bestandteile des Assessment Center-Verfahrens
10:30 Uhr	Gruppenaufgabe inklusive Präsentation
11:00 Uhr	Pause
11:15 Uhr	Praktische Simulation – Verkaufsgespräch
13:00 Uhr	Mittagspause
14:00 Uhr	Mathematiktest
14:55 Uhr	Kaffeepause
15:00 Uhr	Praktische Simulation – Verhandlungsführung

Tabelle 1:   Ablaufplan des Assessment Center-Verfahrens
(Quelle: Eigene Darstellung)

Bei der Beobachtung des Verhaltens wird ausschließlich auf Erfahrungen am Tag des Assessment Centers zurückgegriffen. Zusätzliche Faktoren wie Krankheit, Müdigkeit oder Ähnliches werden nicht berücksichtigt. Durchgeführt wird die Beobachtung respektive das Assessment Center-Verfahren von zwei Mitarbeitern des Unternehmens, welche aus der Personalabteilung stammen und für die Personalauswahl zuständig sind. Wie anhand des zu erkennen ist, werden die Bewerber zu unterschiedlichen Zeiten, mit unterschiedlichen Personen (Bewerberkonkurrenten, mit sich selbst oder Mitarbeiter der Personalabteilung) und mit unterschiedlichen Aufgaben konfrontiert, beobachtet und analysiert.

Gemäß dem Kovariationsmodell erfolgt nun die Kausalanalyse so, dass die Beobachter über die verschiedenen Situationen hinweg, das Verhalten der Bewerber betrachten und so mehrere Beobachtungen machen und Daten festhalten. So wurde beobachtet, dass Bewerber Shin über alle Aufgaben hinweg sehr gut abgeschnitten hat. Er übernahm in der ersten Aufgabe gemeinsam mit dem Bewerber Dy die Präsentation der Gruppenarbeit. Dy präsentierte jedoch nicht so gut wie Shin. Alle Kandidaten arbeiteten während Bearbeitung der Gruppenarbeit kommunikativ und lösungsorientiert mit den anderen Kandidaten zusammen. Bei der ersten praktischen Simulation wurde beobachtet, dass Do und Shin am sympathischsten und zielorientiertesten auftraten und somit am besten abgeschnitten haben. In der zweiten praktischen Simulation, welche zu einem späteren Zeitpunkt stattfand, konnte ebenfalls Shin den besten Eindruck machen, da er in seiner Verhandlungsführung die passendste Strategie eingebunden hat. Im Gegensatz zur ersten praktischen Simulation konnte Do bei dieser Aufgabe nicht den passenden Lösungsweg finden. Beim Mathematiktest haben schließlich alle Kandidaten überzeugt. Sie erzielten alle über 90% der möglichen Punkte. Es ergibt sich also wie eingangs erwähnt, dass Bewerber Shin von allem am besten abgeschnitten hat. Dieser Effekt lässt sich nach dem Kovariationsmodell wie folgt zusammensetzen:

Im Vergleich zu Shin konnten sich die Bewerber Dy, Do und Di in unterschiedlichen Situationen respektive Aufgaben, zu unterschiedlichen Zeiten mit unterschiedlichen Personenkonstellationen nicht behaupten. Daher waren Dy, Do und Di demnach schlechter und können nach dem Kovariationsprinzip die erforderlichen Fähigkeiten die für gesuchte Stelle nicht aufweisen. Bei Shin variiert der Effekt als weder über die Zeit, noch über verschiedene Personenkonstellationen und auch nicht über das spezifische Merkmal der Situation. So kann der Effekt auf die Bedingung attribuiert werden woraufhin sich ergibt, dass Shin die entsprechenden Fähigkeiten der Stelle aufweist.

Um zu erklären auf welche Ursache ein Effekt zurückzuführen ist, ist laut Kelley die Konstellation von drei Informationsarten von Bedeutung. Die drei Informationsarten sind Distinktheits-, Konsistenz- und Konsensusinformationen. Unter Distinktheits-informationen versteht man „Informationen darüber, wie ein Handelnder unter ähnlichen Umständen auf unterschiedliche Entitäten (d.h. Objekte) reagiert." (Parkinson, 2014, S. 76). Konsistenzinformationen sind hingegen „Informationen darüber, ob sich das Verhalten eines Handelnden gegenüber einer Entität in verschiedenen Situationen und zu verschiedenen Zeitpunkten unterscheidet." (Parkinson, 2014, S. 76). Die letzte Informationsart enthält „Informationen darüber, wie sich unterschiedliche Handelnde gegenüber derselben Entität verhalten." (Parkinson, 2014, S. 76).

Die Ursachenzuschreibung kann demnach auf die besonderen Umstände, die Person oder die Situation vorgenommen werden. Die Ausprägungen der Informationsarten können dabei niedrig oder hoch sein. Beispielhaft werden die Informationsarten im Kontext der Assessment Center-Beobachtungen, in den folgenden Tabellen dargestellt.

Distinktheit: Fokus auf Entitäten – Ist das Verhalten spezifisch für dieses Objekt?	
Beispiel zur Erläuterung von jeweils hoher als auch niedriger Distinktheit aus dem Assessment Center-Szenario	
Bewerber Do war in der ersten praktischen Simulation gut, in der zweiten jedoch nicht. Effekt war somit nur bei einer bestimmten Aufgabe (Entität) beobachtbar.	Bewerber Shin schloss bei allen Situationen sehr gut ab. Effekt war über mehrere Situationen beobachtbar.
=hohe Distinktheit	=niedrige Distinktheit
Keine Kovariation	Kovariation

Tabelle 2:   Beispiel einer Ursachenzuschreibung anhand von Distinktheitsinformationen
(Quelle: Eigene Darstellung in Anlehnung an Orth & Koch (2018), S. 49-50)

Konsensus: Fokus auf Situation – Ist das Verhalten von anderen Personen in gleicher Situation ähnlich oder anders?	
Beispiel zur Erläuterung von jeweils hohen als auch niedrigen Konsensus aus dem Assessment Center-Szenario	
Gleich gutes Abschneiden aller Bewerber beim Mathematiktest. Effekt variiert somit nicht über verschiedene Personen.	Shin absolvierte die praktische Simulation der Verkaufsverhandlung besser als die anderen Bewerber. Effekt variiert somit über verschiedene Personen
=hoher Konsensus	=niedriger Konsensus
Keine Kovariation	Kovariation

Tabelle 3:   Beispiel einer Ursachenzuschreibung anhand von Konsensusinformationen
(Quelle: Eigene Darstellung in Anlehnung an Orth & Koch (2018), S. 49-50)

Konsistenz:
Fokus auf verschiedene Zeitpunkte – Inwieweit ändert sich der Effekt zu verschiedenen Zeitpunkten?
Beispiel zur Erläuterung von jeweils hoher als auch niedriger Konsistenz aus dem Assessment Center-Szenario

Bewerber Shin absolvierte beide praktischen Simulationen (ähnliche Situationen), welche zu verschiedenen Zeitpunkten stattfanden erfolgreich. Effekt variierte somit nicht über die Zeit.	Bewerber Do hat in der ersten praktischen Simulation neben Shin am besten abgeschnitten. Bei der zweiten praktischen Simulation (ähnliche Situation), welche zu einem späteren Zeitpunkt stattfand, konnte er sich jedoch nicht zu den Besten zählen. Somit ist der Effekt an verschiedenen Zeitpunkten nicht beobachtbar.
=hohe Konsistenz	=niedrige Konsistenz
Keine Kovariation	Kovariation

Tabelle 4: Beispiel einer Ursachenzuschreibung anhand von Konsistenzinformationen (Quelle: Eigene Darstellung in Anlehnung an Orth & Koch (2018), S. 49-50)

Teilaufgabe 2

In dieser Teilaufgabe geht es um mögliche Attributionsfehler respektive Attributionsverzerrungen. Im ersten Teil dieser Aufgabe werden diese zunächst erläutert und vorgestellt. Hierbei werden sechs verschiedene Attributionsfehler aufgezeigt. Im zweiten und letzten Teil der Aufgabe werden dann Maßnahmen beschrieben, welche im Rahmen des Assessment Center-Bewerbungsprozesses eingesetzt werden können um Attributionsfehler zu vermeiden beziehungsweise zu kontrollieren.

Im Allgemeinen definiert Parkinson (2014, S. 90) Attributionsverzerrungen (auch Attributionsfehler oder attributional biases) als „Systematische Verzerrungen bei der Sammlung von Daten bzw. Verarbeitung von Informationen über die Ursachen eines bestimmten Verhaltens.". Die systematischen Verzerrungen geschehen im Attributionsprozess oft, weil die beobachtende Person bei der Attribution auf Vorwissen, Erfahrungen oder Annahmen über Zusammenhänge zurückgreift (Orth & Koch ,2018, S. 53). Es ergeben sich verschiedene Arten von Attributionsfehlern. Der erste seiner Art, welcher in dieser Einsendeaufgabe aufgegriffen wird ist der fundamentale Attributionsfehler. Diese von dem Sozialpsychologen Lee Ross so bezeichnete Verzerrung drückt aus, dass Menschen bei der Attribution eher zu einer Überbewertung von dispositionalen Faktoren und zu einer Unterbewertung von situativen Faktoren neigen (Aronson, Wilson & Akert, 2014, S. 118ff). So wird das Verhalten einer Person eher auf dessen Persönlichkeitseigenschaften als auf die äußeren Umstände der spezifischen Situation zurückgeführt. Der zweite hier näher zu thematisierende Attributionsfehler ist der „Falscher Konsensus-Fehler". Dieser nimmt an, „dass andere Menschen im Allgemeinen die eigenen persönlichen Einstellungen und Überzeugungen teilen." (Parkinson, 2014, S. 91). So kann es passieren, dass der Beobachter eine falsche Attribution vornimmt, weil er beim Verhalten annimmt, dass die beobachtete Person die gleichen Einstellungen und Werte wie der Beobachtende vertritt. Der dritte Attributionsfehler ist die Akteur-Beobachter-Verzerrung. Sie meint, dass man das eigene Verhalten eher auf die Situation attribuiert, während man das Verhalten anderer Personen eher auf deren Dispositionen zurückführt (Parkinson, 2014, S. 94). Nach Orth & Koch (2018, S. 54) sind zwei weitere Attributionsverzerrungen die Diagnostizität des Verhaltens und die geistige Verarbeitungskapazität beziehungsweise die Motivation das Verhalten der beobachteten Person genauer zu überprüfen. Mit der Verzerrung der Diagnostizität ist gemeint, dass bei der Verhaltenseinschätzung die Normkonformität eine Rolle spielt. „Das heißt, je weniger normen konform ein Verhalten ist, desto eher neigen wir dazu eine Charakterzuschreibung vorzunehmen." (Orth & Koch, 2018, S. 54).

Als letzte hier thematisierte Attributionsverzerrung wird die selbstwertdienliche Attributionsverzerrung angeführt. Diese sind motivierte Verzerrungen dessen, was geschehen ist und dienen dazu, das eigene Selbstwertgefühl zu steigern oder zu erhalten (Parkinson, 2014, S. 97). Wir attribuieren beispielsweise Erfolge auf interne Ursachen, wie spezielle Fähigkeiten und üben so womöglich eine selbstwertsteigernde Verzerrung aus. So auch bei selbstschützenden Verzerrungen, wobei wir unser Selbstwertgefühl erhalten wollen. Dies geschieht beispielsweise durch die Attribution von Versagen auf die äußeren Einflüsse wie die Schwierigkeit einer Aufgabe.

Führt man sich alle eben aufgeführten Attributionsfehler vor Augen, wird schnell deutlich, dass diese auch in einem Assessment Center-Bewerbungsverfahren auftreten können. Vernachlässigt man das Vorhandensein dieser Verzerrungen kommt es als Konsequenz möglicherweise zu einer fehlerhaften Attribution und somit auch zu einer falschen Bewerberwahl. Genau aus diesem Grund ist es daher als Organisation wichtig, solche Attributionsverzerrungen zu kontrollieren oder gar zu vermeiden. Im Folgenden werden nun zwei verschiedene Maßnahmen vorgestellt um Attributionsfehler zu vermeiden. Die erste Maßnahme, welche in diesem Kontext angeführt wird, ist Anwendung der Assessment Center-Methode an sich. Gemeint ist hier vor allem die genaue Konzeption des Verfahrens unter Zuhilfenahme der aktuellen Erkenntnisse aus Forschung und Literatur. Zur weiteren Ausarbeitung dessen wird die Maßnahme in drei Teilmaßnahmen gegliedert. Die drei Teilmaßnahmen, welche bei der Konzeption vorgenommen werden können um Attributionsfehler zu vermeiden sind:

- Auswahl der Assessment Center-Module,
- Anzahl der Assessment Center-Module,
- Auswahl der Beobachter.

Bezugnehmend zur ersten Teilmaßnahme ist zu sagen, dass bei der Durchführung eines Assessment Center-Verfahrens verschiedene Module zur Verfügung stehen. In diesen Modulen werden die jeweiligen Fähigkeiten und Anforderungen durch Beobachter überprüft. Typische Module sind beispielsweise die Gruppendiskussion, das Interview, die Postkorbübung und die Selbsteinschätzung (Püttjer & Schnierda, 2008, S. 18-19). Die Verzerrung, welcher mit der Teilmaßnahme entgegengewirkt werden kann, ist die Akteur-Beobachter-Verzerrung. Wie bereits eingangs erwähnt, steht sie dafür, dass man beim Verhalten beobachteter Personen eher auf stabile Personeneigenschaften attribuiert. In Beobachterauswertungen von Assessment Center-Verfahren ist immer wieder zu erkennen, dass diese Attributionsfehler passieren. So werden oft auf Basis wenig vorhandener Informationen weitreichende Schlüsse gezogen (Obermann, 2018, S. 221). Daher sollte das Assessment Center so konzipiert werden, dass mehrere

Beobachtungen in unterschiedlichen Aufgaben erfolgen können. Dadurch wird sichergestellt, dass Stärken und Schwächen unabhängig von spontanen Fügungen einzelner Verhaltenssimulationen voreilig attribuiert werden (Obermann, 2018, S. 222). Durch den Einbezug von verschiedenen Aufgaben kann die Beobachtung und damit einhergehend auch die Bewertung des Verhaltens situationsübergreifend stattfinden. Beispielsweise kann eine Attribution, welche in einer praktischen Simulation durch Zufall beeinflusst wurde durch die Durchführung von Interviews und die damit einhergehende Auswertung der Biografie die Attribution verfestigen oder den Zufall entlarven und somit die Verzerrung verhindern (Obermann, 2018, S. 222). Die nächsten beiden Teilmaßnahmen beziehen sich auf die Attributionsverzerrungen, welche sich durch fehlende geistige Verarbeitungskapazität und Motivation ergeben. In den Standards wird bei der Durchführung von Assessment Centern empfohlen insgesamt zehn Verfahrenselemente zu wählen. Der notwendige Umfang von Modulen sollte sich jedoch an der Anzahl messbarer Kompetenzen orientieren. Empfohlen wird hier die Anzahl der pro Modul zu beobachtenden Kompetenzen auf drei bis maximal fünf zu begrenzen. Will eine Organisation beispielsweise die Kompetenzen der Bewerber in zwei Modulen aktivieren und dabei insgesamt zehn Kompetenzen messen, so sollten mindestens 7 Module (10x2=20/3= ca.7) durchlaufen werden, wenn die Beobachter pro Modul 3 Kompetenzen differenziert beobachten sollen. Mit dieser Vorgabe wird vor allem berücksichtigt, dass die Beobachter nicht überfordert werden (Obermann, 2018, S. 118). Somit lässt sich mit dieser Teilmaßnahme das Risiko von Attributionsverzerrungen, welche auf die geistige Verarbeitungskapazität zurückzuführen sind, bei der Durchführung von Modulen einschränken respektive minimieren. Auch die Auswahl der Beobachter, welche als weitere Teilmaßnahme in diesem Kontext aufgeführt wird, kann sich in Bezug auf Attributionsverzerrungen hinsichtlich fehlender geistiger Verarbeitungskapazität positiv auswirken. Der erste hier aufzuführende Fakt ist, dass Assessment Center als Kernmerkmal multiple Beobachter aufweisen. Gerade auf der Ebene der Verfahrenselemente werden mehrere Personen eingesetzt um das Verhalten zu beobachten (Obermann, 2018, S. 210). Neben der multiplen Beobachtung ist laut den Standards der Assessment Center Methode darauf zu achten, gut vorbereitete Beobachter zu wählen, welche die Organisation angemessen repräsentieren und eine treffsichere Eignungsbeurteilung gewährleisten. „Eine gültige Eignungsbeurteilung wird durch die Auswahl kompetenter und motivierter Personen gewährleistet, die umfassend geschult werden und ihrer Rolle entsprechend agieren." (Arbeitskreis Assessment Center e.V., 2016, S. 7). Es kann daher durch die Auswahl der Beobachter sichergestellt werden, dass diese die Fähigkeit der geistigen Verarbeitungskapazität und die Motivation zur Beurteilung von Verhalten aufweisen und somit Verzerrungen hinsichtlich dieser Attributionsfehler minimiert beziehungsweise kontrolliert werden. Neben der fundierten Konzeption als Maßnahme gegen Attributionsverzerrungen kann als weitere Hauptmaßnahme, das Training der Beobachter dienen. Auch bei dieser Maßnahme werden drei Aspekte näher beleuchtet. Diese Aspekte können ebenfalls jeweils als Teilmaßnahmen verstanden werden. Das Beobachtertraining teilt sich auf in:

- Schulung der Beobachter hinsichtlich existierender Attributionsverzerrungen,
- Training von Verhaltenszuordnungen,
- Bezugsrahmentraining.

Die Schulung der Beobachter zu möglichen Attributionsverzerrungen soll gemeinsam mit den anderen zwei Teilmaßnahmen ein einheitliches Bild und das damit zusammenhängende Verständnis schaffen. Mit der Kenntnis über die Attributionsfehler lassen sich außerdem die Beobachtungen reflektierter einordnen. Denn beispielsweise die eigene Stimmungslage oder gemeinsame Ähnlichkeiten mit den Bewerbern können auf Seiten der Beobachter das resultierende Ergebnis beeinflussen. Beim Training von Verhaltenszuordnungen üben die Beobachter, das Beobachtete passend festzuhalten. Im Fokus dessen steht die Einhaltung der Feedbackregeln und das Training, die notierten Zitate den entsprechenden Dimensionen zuzuordnen und dabei die Bewertungsrichtung festzulegen (beispielsweise positiver oder negativer Indikator für Gewissenhaftigkeit) (Obermann, 2018, S. 225). Vor allem das Üben inwieweit Beobachtungen notiert werden führt im Praxisfall dazu, dass die Mitschriften automatisierter stattfinden können. So wird auch hier die geistige Verarbeitungskapazität gefördert. Die dritte hier aufgeführte Teilmaßnahme, das Bezugsrahmentraining, beinhält das Erlernen eines adäquaten Maßstabs bei der Beurteilung von Bewerberverhalten. Bei diesem Training werden den Beobachtern Videos mit beispielhaften Kandidatenverhalten aus Assessment Center-Übungen abgespielt. Diese werden in einem nächsten Schritt von den zu Trainierenden bewertet. Abschließend werden die spontanen Beobachtungen mit den Musterbeobachtungen abgeglichen und ausgewertet. Bei der Auswertung dessen hilft der Trainer die jeweiligen Beweggründe für die Musterbewertung sowie die Hintergründe für die Unterschiede zu verstehen. Auf diese Weise wird ein Maßstab geschaffen, die Beobachtungen einzuordnen (Obermann, 2018, S. 225-227). Führt man sich beispielsweise den fundamentalen Attributionsfehler vor Augen, kann dieser mit solch einem Training gemindert werden, da die Beobachter situativen Faktoren von vornherein analysiert haben und so das Verhalten entsprechend dispositionalen oder situativen Faktoren zuordnen können.

Für einen abschließenden Überblick werden die verschiedenen Maßnahmen mit den jeweiligen Attributionsverzerrungen, welche sie minimieren respektive kontrollieren sollen, in der folgenden Tabelle dargestellt.

Maßnahme	Konzeption der Assessment Center-Methode		
Teilmaßnahmen	Auswahl der Assessment Center-Module	Anzahl der Assessment Center-Module	Auswahl der Beobachter
Attributionsfehler auf welche die Teilmaßnahmen abzielen	Akteur-Beobachter-Verzerrung	Geistige Verarbeitungskapazität und Motivation	Geistige Verarbeitungskapazität und Motivation

Maßnahme	Beobachtertraining		
Teilmaßnahmen	Schulung der Beobachter hinsichtlich existierender Attributionsverzerrungen	Training von Verhaltenszuordnungen	Bezugsrahmentraining
Attributionsfehler auf welche die Teilmaßnahmen abzielen	Jegliche Attributions-verzerrungen	Geistige Verarbeitungskapazität	Fundamentaler Attributionsfehler

Tabelle 5:   Abschließender Überblick über mögliche Maßnahmen zur Eindämmung von Attributionsverzerrungen (Quelle: Eigene Darstellung)

Abschließend ist jedoch festzuhalten, dass eine vollkommene Verhinderung solcher Attributionsfehler nur erschwert möglich ist. Die verschiedenen Einflüsse beim Beobachten und die Wahrnehmungsverzerrungen können mittels einer professionellen Konzeption und mit Hilfe von Beobachtertrainings zwar minimiert, aber nicht zu 100% ausgeschlossen werden.

Teilaufgabe 3

Diese Aufgabe befasst sich mit dem Sensation-Seeking-Konzept von Zuckerman. In einem ersten Schritt wird erklärt, was unter dem Begriff Sensation Seeking zu verstehen ist. Im nächsten Schritt wird die sogenannte Sensation Seeking Scale vorgestellt, aufgezeigt, was sich mit ihr messen lässt und eine Personenbeschreibung gegeben, die hohe Werte auf dieser Skale aufweist. Im letzten Abschnitt wird diskutiert, welchen praktischen Nutzen das Konzept haben könnte.

Der Begriff Sensation Seeking steht für eine Eigenschaftsdimension aus dem gleichnamigen Konzept, welches von Marvin Zuckerman entwickelt wurde. Das Konzept selbst ist ein biologischer Ansatz zur Erklärung von Persönlichkeit und deren Struktur (Stemmler, Hagemann, Amelang & Spinath, 2016, S. 311). Die Eigenschaftsdimension, welche durch den Sensation-Seeking-Begriff abgedeckt wird, kann übersetzt als „Reizsuche" bezeichnet werden (Stemmler et al., 2016, S. 358-359). Sie gekennzeichnet „durch das Bedürfnis nach abwechslungsreichen, neuen, komplexen Eindrücken und Erfahrungen und der dazugehörigen Bereitschaft, physische und soziale Risiken in Kauf zu nehmen." (Burst, 1999, S. 159). Die Grundlage für diese Eigenschaft sind systematische interindividuelle Ungleichheiten im Grad der bevorzugten sensorischen Stimulation (Stemmler et al., 2016, S. 359).

Zur Erfassung dieser Verhaltensdisposition wurde die sogenannte „Sensation Seeking Scale" entwickelt. Das Erhebungsinstrument ist ein Fragebogen, welcher die Reizsuche anhand von vier Teilaspekten erfasst. Diese vier Dimensionen sind:

- Thrill and Adventure Seeking: „Die Neigung oder der Wunsch, Spannung und Abenteuer durch riskante, aufregende Aktivitäten wie schnelles Fahren, riskante Sportarten und dergleichen zu erleben. Da die meisten dieser Tätigkeiten nicht allgemein verbreitet sind (Tauchen, Fallschirmspringen, schnelles Motorrad-fahren), wird in den Items nach Wünschen und Intentionen gefragt:»Ich würde gerne…" (Stemmler et al., 2016, S. 353)
- Experience Seeking: „Die Neigung, neue Eindrücke zu bekommen oder neue Erfahrungen zu machen, z. B. durch Reisen, ungewöhnliche Kunst, nonkonformistische Lebensweisen oder durch den Umgang mit sozial auffälligen oder randständigen Gruppen." (Stemmler et al., 2016, S. 353)
- Disinhibition: „Die Tendenz, sich Stimulation durch soziale Aktivitäten (z. B. Party), durch Enthemmung mit Hilfe sozialen Trinkens oder auch durch sexuelle Kontakte zu verschaffen." (Stemmler et al., 2016, S. 353)

- Boredom Susceptibility: „Intoleranz gegenüber sich wiederholenden Erfahrungen jeder Art wie Routinearbeiten oder auch gegenüber langweiligen Menschen. Diese Anfälligkeit für Langeweile drückt sich in einer Abneigung gegenüber monotonen Situationen und durch Ruhelosigkeit in solchen Situationen aus." (Stemmler et al., 2016, S. 353).

„Personen mit einer hohen Ausprägung auf Reizsuche weisen die Tendenz auf, neue, verschiedenartige, komplexe und intensive Eindrücke zu bekommen und dafür auch Risiken in Kauf zu nehmen." (Stemmler et al., 2016, S. 359). Als Beispiel für hohe Werte auf der Sensation Seeking Scale soll die folgende Personenbeschreibung dienen, welche in der folgenden Tabelle aus Gründen der Übersichtlichkeit aufgeführt ist.

Personenbeschreibung: fiktive Person „Ramona" ist weiblichen Geschlechts, arbeitstätig und befindet sich im mittleren Alter	
Verhaltensbereich	Verhalten von Ramona in den Verhaltensbereichen
Risikobereitschaft	- hohe Risikobereitschaft und hat weniger Angst vor Unbekanntem
Sporttreiben	- ist Mitglied in einem Motorsportverein und betreibt diesen Sport zwei bis dreimal pro Woche auf einer abgesperrten Rennstrecke
Berufe	- ist Soldatin bei der Bundeswehr und übt so einen Beruf mit viel Abwechslung und Herausforderungen aus
Sozialverhalten	- agiert offen und dominant mit anderen - schreckt nicht vor neuen Bekanntschaften zurück - unternimmt viel in ihrer Freizeit (z.B. Party)
Sexualverhalten	- eher locker, Ramona sieht es als Spiel ohne Regeln
Musikgeschmack	- bevorzugt laute und intensive Musik (Rock)
Humor	- frivol und sie mag Nonsens-Witze
Rauchen	- sieht im Rauchen oder Nicht-Rauchen keinen Unterschied in der Einschätzung des Gesundheitsrisikos
Alkohol- und Drogenkonsum	- trinkt im Vergleich zu ihren Kameraden eher mehr Alkohol

Tabelle 6: Personenbeschreibung einer fiktiven Person mit hohen Werten auf der Sensation Seeking Scale
(Quelle: Eigene Darstellung in Anlehnung an Stemmler et al. (2016), S. 353-354)

Wie eingangs erwähnt, ist Sensation Seeking eine Verhaltensdimension. Durch die Messbarkeit, aufgrund der für dieses Konzepts entwickelten Sensation Seeking Sale, lassen sich Personen einstufen ob sie auf dieser Skale hohe oder niedrige Werte haben. In Abhängigkeit der jeweiligen Werte wurden ebenfalls Verhaltensunterschiede klassifiziert (Stemmler et al., 2016, S. 353-354). In Hinblick auf die Praxis kann einer Anwendung des Konzepts folgenden Nutzen bringen: Ermittlung des Erregungsniveaus von Mitarbeitern, bessere Aufgabenzuteilung und Unterstützung in der Personalentwicklung. Vollzieht man eine genaue Analyse seiner Mitarbeiter hinsichtlich des Sensation Seekings, lassen sich Rückschlusse auf deren Erregungsniveaus ziehen. Hat die Führungskraft Kenntnis über das Erregungsniveau des Mitarbeiters, so kann diese eine Aufgabenzuweisung entsprechend der Sensation Seeking Scale vornehmen. Gibt es beispielsweise eine Aufgabe, die mehr Verantwortung und Risiko verlangt, so könnte diese eher an einen Mitarbeiter mit hohen Werten auf der Sensation Seeking Scale verteilt werden. Da Personen mi niedrigen Werten auf dieser Skala sich bei hohem Risiko eher unwohl fühlen, könnte eine solche Aufgabe schneller zu Fehlern oder Überforderung führen. Die verbesserte Aufgabenverteilung kann auf diese Art und Weise sowohl auf Team- als auch auf Einzelpersonenebene stattfinden. Ein weiterer praktischer Nutzen, die Unterstützung in der Personalentwicklung, ist vor allem auf die Beschaffenheit des Erhebungsinstruments zurück zu führen. Mit der Erfassung von Sensation Seeking mittels den vier Dimensionen, Suche nach Spannung und Abenteuer, Suche nach neuen Eindrücken, Enthemmung und Anfälligkeit für Langeweile, lässt bei der Personalentwicklung differenzieren, an welchem Teilaspekt angeknüpft werden muss. Erhöht sich aufgrund von Marktgegebenheiten das Risiko einer Aufgabe, womit der Mitarbeiter dennoch gut klarkommt, aber gleichzeitig auch die Anzahl von neuen Eindrücken, womit der Mitarbeiter jedoch nicht so gut klarkommt, so lassen sich mittels des Erhebungsinstruments für diese Dimension niedrige Werten erkennen. Auf Basis dieser Ergebnisse und auf Basis der Anforderungen, welche für die anstehende Aufgabe benötigt werden, können dann explizite Personalentwicklungsmaßnahmen getroffen werden um die jeweiligen Fähigkeiten oder auch Umstände erfolgreich bewältigen zu können.

Literaturverzeichnis

Arbeitskreis Assessment Center e.V. (2016). *AC-Standards. Standards der Assessment Center Methode.* Zugriff am 07.04.2021, Verfügbar unter https://www.forum-assessment-kongress.de/images/AKAC_AC_Standards_2016.pdf

Aronson, E., Wilson, T. D. & Akert, R. M. (2014). *Sozialpsychologie* (8. Aufl.). Halbergmoos: Pearson.

Burst, M. (1999). Zuschauerpersönlichkeit als Voraussetzung für Fernsehmotive und Programmpräferenzen. *Medienpsychologie, 3,* S. 157-181.

Leciejewski, K. & Fertsch-Röver, C. (2007). *Assessment Center* (2.Aufl.). Freiburg: Haufe Lexware Verlag.

Obermann, C. (2018). *Assessment Center. Entwicklung, Durchführung, Trends Mit neuen originalen AC-Übungen* (6. Aufl.). Wiesbaden: Springer Gabler. doi:10.1007/978-3-658-18716-3

Orth, H. & Koch, A. (2018), Sozialpsychologie, 2. Aufl., Studienbrief der SRH Fernhochschule. Riedlingen.

Parkinson, B. (2014). Soziale Wahrnehmung und Attribution. In K. Jonas, W. Stroebe & M. Hewstone (Hrsg.), *Sozialpsychologie* (S. 65-106). Berlin, Heidelberg: Springer. doi:10.1007/978-3-642-41091-8

Püttjer, C. & Schnierda, U. (2008). *Assessment-Center* (2. Aufl.). Frankfurt/Main: Campus Verlag.

Stemmler, G., Hagemann, D., Amelang, M. & Spinath, F. (2016). *Differentielle Psychologie und Persönlichkeitsforschung* (8. Aufl.). Stuttgart: W. Kohlhammer Verlag.